AF358920

LA
COMÉDIE-FRANÇAISE

1926

DU MÊME AUTEUR

La Comédie-Française de 1680 à 1900 (Dictionnaire général des pièces et des auteurs). Avec une préface de Jules Claretie. 1901. Un volume grand in-8° tiré à 250 exemplaires numérotés à la presse. *(Épuisé.)*

La Comédie-Française de 1680 à 1920 (Tableau des représentations par auteurs et par pièces). 1921. Un volume grand in-8° tiré à 250 exemplaires numérotés à la presse.

La Comédie-Française. Publication annuelle. 1901-1919, avec préfaces de G. Monval, J. Truffier, L. Leloir, Coquelin cadet, Un Vieil Amateur, P. Langier. Ouvrage complet en dix-neuf volumes. Chaque année, un volume grand in-8°. *(Plusieurs années sont épuisées.)*

La Comédie-Française, 1er janvier 1920-31 décembre 1925. 1926. Un volume grand in-8° tiré à 150 exemplaires numérotés à la presse.

Relevé des représentations de Mounet-Sully à la Comédie-Française. Une plaquette grand in-8°.

Relevé des représentations de Julia Bartet à la Comédie-Française. Une plaquette grand in-8°.

Ce volume a été déposé à la Bibliothèque Nationale en 1927.

A. JOANNIDÈS

LA
COMÉDIE-FRANÇAISE

1926

PARIS

LIBRAIRIE PLON

LES PETITS-FILS DE PLON ET NOURRIT

IMPRIMEURS-ÉDITEURS — 8, RUE GARANCIÈRE, 6°

1927

PRÉFACE

En juin 1901 paraissait, avec préface de Jules Claretie, un gros volume intitulé : *La Comédie-Française de 1680 à 1900. Dictionnaire général des pièces et des auteurs.* C'était le fruit de deux ans et demi d'un travail assidu ; l'auteur, A. Joannidès, avait vingt-deux ans.

De ce livre Ferdinand Brunetière a dit et c'en est le plus bel éloge : Il faut remercier M. Joannidès « d'en avoir eu l'idée, puisqu'enfin peu de dictionnaires ou de répertoires sont de nature à intéresser plus utilement la critique et l'histoire littéraire... L'historien du théâtre ne pourra se dispenser de le consulter, et l'histoire de notre théâtre elle-même en sera tôt ou tard, mais sûrement renouvelée, si je crois pouvoir dire que nous ne la connaissons guère jusqu'ici que dans ses grandes lignes, et si, précisément, ce qui nous manquait pour la mieux connaître, c'étaient les titres et les noms, les chiffres et les dates que nous donne M. Joannidès ou, en deux mots, un peu de statistique et de chronologie ».

En fait, ce volume, devenu très rare, est un livre usuel que l'on désigne couramment par le nom de son auteur, et l'on dit le Joannidès, comme en bibliographie on dit le Brunet ou le Quérard.

Pour compléter ce volume, d'une importance capitale, Joannidès a publié, en 1921 : *La Comédie-Française de 1680 à 1920. Tableau des représentations par auteurs et par pièces.*

En outre, de 1902 à 1920, Joannidès, devenu une sorte d'historiographe de la Maison de Molière, a fait paraître, annuellement, dix-neuf volumes consacrés à l'histoire de la Comédie-Française de 1901 à 1919, plus, en 1926, pour compléter un quart de siècle, un volume relatif aux années 1920 à 1925.

Enfin, Joannidès a donné le *Relevé des représentations de Mounet-Sully,* et celui des *représentations de Julia Bartet à la Comédie-Française*, qui forment deux plaquettes.

Le dernier volume annuel publié par Joannidès est celui de 1919 : le volume suivant, paru en 1926, concerne les années 1920 à 1925. Après avoir songé à une publication triennale, Joannidès s'était arrêté à l'idée d'un volume quinquennal, et le prochain, comprenant les années 1926 à 1930, devait paraître en 1931. La mort en a décidé autrement.

Alors que l'âge de Joannidès permettait de croire que longtemps encore il continuerait à s'occuper de la Comédie, la mort est venue brusquement, le 6 mars 1927, interrompre son travail, et c'est aux soins pieux de Mme Joannidès, sa veuve, que l'on doit la publication de la partie relative à l'année 1926, préparée par Joannidès au cours de l'année dernière et achevée cette année, au mois de janvier.

A. Joannidès, né à Manchester le 3 juillet 1879, était venu à Paris, à treize ans, pour étudier la peinture. Neveu de l'auteur dramatique grec Coromilas, fanatique de la Comédie-Française et de Mounet-Sully, il s'éprit, lui aussi, de la Maison de Molière et voulut en connaître l'histoire.

A partir du 20 octobre 1898, et pendant de longs mois, hôte assidu de la bibliothèque de la Comédie, Joannidès en dépouilla les registres, depuis la réunion des deux troupes de l'Hôtel de Guénégaud et de l'Hôtel de Bourgogne (25 août 1680) jusqu'à la fin de 1900 ; puis ayant adopté un plan pour présenter le résultat de ses recherches, il eut la scrupuleuse conscience de contrôler son travail en le recommençant. Plus tard, Joannidès continua annuellement, en dépouillant successivement les registres depuis 1901 jusqu'à 1926.

Au dix-huitième siècle, les frères Parfaict et le chevalier de Mouhy ; au dix-neuvième siècle, Eugène Despois et Albert Soubies avaient bien déjà consulté les registres de la Comédie-Française, mais leurs dépouillements avaient toujours été partiels. Pour la première fois, on connaissait exactement quelles étaient les pièces qui, jouées primitivement sur les théâtres de l'Hôtel de Bourgogne, du Marais, de Molière et de Guénégaud avant 1680, étaient restées au répertoire après la réunion du 25 août 1680 ; quelles étaient les pièces qui, jouées plus tard à la Comédie-Italienne ou au Théâtre de la République, étaient entrées au répertoire après la réunion générale du 30 mai 1799 ; pour la première fois enfin on connaissait exactement le nombre des représentations de chacune d'elles.

C'est en 1898 que, présenté par M. Henri Cain, nous avons vu Joannidès pour la première fois; il avait dix-neuf ans. Nos relations, forcément banales au début, ne tardèrent pas à se changer en une amitié profonde, aussi solide d'un côté que de l'autre, qui a duré plus de vingt-huit ans. Aussi est-ce avec une émotion bien vive que nous disons un dernier adieu à cet ami si cher, si tendrement aimé.

Un Vieil Amateur.

Les renseignements suivants devaient trouver place dans la préface que Joannidès aurait mise en tête du volume de 1926 à 1930.

En 1926, on a joué 136 pièces, y compris : *Démocrite* (scène), *Les Fiançailles de l'Ami Fritz* ; *Psyché* (fragments).

Les recettes de l'année 1925 qui étaient de 7 108 598 fr. 80 se sont élevées, en 1926, à 8 145 707 francs.

La part de sociétaire qui était de 66 000 francs en 1925 est montée à 72 000 francs en 1926.

Deux nouvelles augmentations du prix des places ont eu lieu en 1926, la première le 1er février et la seconde le 16 octobre.

Voici les deux nouveaux tarifs :

Prix des places.

Avant-scènes des premières loges, la place, 32 fr., 34 fr. 75. — Avant-scènes des deuxièmes loges, la place, 16 fr., 16 fr. 75. — Baignoires, la place, 20 fr., 21 fr. — Fauteuils d'orchestre et strapontins, 29 fr., 31 fr. 75. — Fauteuils de balcon, 1er rang, 30 fr. 75, 33 fr. 75. — Fauteuils de balcon, 2e et 3e rangs, 27 fr., 29 fr. 75. — Premières loges, la place, 21 fr., 22 fr. — Deuxièmes loges de face, la place, 16 fr., 17 fr. 75. — Deuxièmes loges découvertes, la place, 14 fr. — Deuxièmes loges de côté, la place, 13 fr. — Fauteuils des troisièmes

loges, 1er rang, 15 fr., 16 fr. — Fauteuils des troisièmes loges, 2e et
3e rangs, la place, 12 fr., 13 fr. — Troisièmes loges de face, la place,
12 fr. — Troisièmes loges de côté et avant-scènes, la place, 7 fr. 25.
— Parterre et strapontins, 5 fr. 25, 7 fr. 25. — Stalles de troisième
galerie, 1er rang, 4 fr. 25, 5 fr. 25. — Stalles de troisième galerie,
2e rang, 3 fr. 25, 4 fr. 25. — Fauteuils de quatrième galerie de face,
3 fr. 25, 4 fr. 25. — Fauteuils de quatrième galerie de côté, 2 fr. 75.
— Amphithéâtre, 2 fr. 25.

Durant cette année, des matinées du jeudi et celles du samedi furent
données au tarif spécial des matinées classiques.

Expositions.

Février : Musset. Dumas fils. — Avril : Anatole France. — Juin :
George Sand. — Septembre : Alfred de Vigny. — Octobre : Talma et
Delaunay. — Décembre : Musset. Racine.

PREMIÈRES REPRÉSENTATIONS

3 Février 1926. — **Le Secret de Polichinelle** (1). Comédie en trois actes, en prose, de M. Pierre Wolff.

MM. Bernard, *M. Jouvenel.* — Granval, *Trévoux.* — Fresnay, *Henri.* — Ledoux, *Jean.* — Mmes Nizan, *Geneviève.* — Fontency, *Mme Langeac.* — Renaud, *Marie.* — Marquet, *Mme Santenay.* — Samary, *Anna.* — Thomsen, *Mme Jouvenel.* — Navar, *Martine.* — La petite Paulette Merle, *le petit Robert.*

Le Secret de Polichinelle, de M. Pierre Wolff, a connu en 1903 un long succès au Gymnase; cette œuvre est le type de la pièce bien faite, où aucune des « scènes à faire » n'est éludée, où le rire saupoudre les larmes à doses également alternées. Léon Bernard succède à Huguenet dans le rôle du père Jouvenel; il le joue avec son autorité coutumière, mais il n'a pas la naïveté onctueuse, solennelle même, ganache aussi, mais toujours fine, de Huguenet. Je ne vois que du bien à dire de Mme Jane Thomsen; certes, nous n'oublierons pas Judic; mais quelle voix harmonieuse possède Mme Thomsen, quel charme discret, quelle bonté à la fois discrète et radieuse elle donne à son personnage! La Comédie-Française a fait là une excellente acquisition pour jouer les mères. (Louis Schneider, *Le Gaulois*, 3 Février 1926.)

10 Février 1926. — **Carmosine** (2). Comédie en trois actes, d'Alfred de Musset.

MM. Albert-Lambert, *Pierre d'Aragon.* — Siblot, *Maître Bernard.* — Fresnay, *Minuccio.* — Dorival, *Ser Vespasiano.* — Reyval, *Officier du palais.* — Weber, *Perillo.* — Simon, *Michel.* — Mmes Dussane, *Dame Paque.* —

(1) Cette pièce fut représentée pour la première fois, au théâtre du Gymnase, le 6 Janvier 1903, avec la distribution suivante : MM. F. Huguenet, *M. Jouvenel.* — Colombey, *Trévoux.* — A. Hall, *Henri.* — J. Dax, *Jean.* — Mmes A. Judic, *Mme Jouvenel.* — Rolly, *Mme Santenay.* — Damy, *Mme Langeac.* — G. Lantelme, *Geneviève.* — S. Demay, *Marie.* — Claudia, *Martine.* — Debacker, *Anna.* — La petite Baudry, *le petit Robert.*

(2) Cette pièce fut représentée pour la première fois, au théâtre de l'Odéon, le 7 Novembre 1865, avec la distribution suivante : MM. Bondois, *Pierre d'Aragon.* — Laute, *Maître Bernard.* — Thiron, *Minuccio.* — Laroche, *Perillo.* — Romanville, *Ser Vespasiano.* — Mmes Othon, *la Reine Constance.* — Masson, *Dame Paque.* — Thuillier, *Carmosine.*

1

Bell, *Carmosine*. — Marquet, *la Reine Constance*. — Sully, *1re Demoiselle*. — Fédor, *2e Demoiselle*. — M. Roméc. *3e Demoiselle*.

Il faut le dire franchement, cette belle œuvre d'Alfred de Musset n'est point faite pour exercer une action énergique sur le public. On l'écoute en dilettante, on savoure des détails délicieux, mais l'intrigue si menue s'achemine vers le dénouement avec une si molle lenteur qu'à moins de s'intéresser à l'élégance du style, à la délicatesse de la pensée, à la subtilité de l'analyse des sentiments et des passions des divers personnages, le spectateur a de la peine à conserver son esprit en éveil durant ces trois actes où Musset s'est complu, en poète, à développer — j'allais écrire à délayer! — un sujet qui *dramatiquement* pouvait être traité en trois petits tableaux. (Émile MAS, *Le Petit bleu*, 12 Février 1926.)

16 Avril 1926. — **La Carcasse.** Tragi-comédie en trois actes, en prose, de MM. Denys AMIEL et André OBEY.

MM. de Féraudy, *le Général Vernon (Édouard)*. — Granval, *Labrune*. — Monteaux, *l'Abbé Dastre*. — Guilhène, *Garnier*. — Gerbault, *d'Albeyrac (Charles)*. — Drain, *M. Fabregat*. — Reyval, *M. Masse*. — Ledoux, *Boitel*. — Rognoni, *M. Labourdette*. — Bacqué, *M. Thierry*. — Chambreuil, *le Maire*. — Simon, *M. Prat*. — Dufresne, *M. Forestier*. — Mmes Cerny, *la Générale (Fernande)*. — Fonteney, *Victorine*. — Y. Hautin, *Mlle Maillerat*.

Vous saisissez l'âpreté, l'amertume de l'ouvrage; mais tout ce que je me suis efforcé de dégager, en vous le contant, les auteurs se contentent de l'indiquer, de l'insinuer, de le projeter ici et là, par de petits traits, de petites répliques incisives, et comme par de menus jets de lumière tour à tour fulgurants et mi-voilés. (Edmond SÉE, *L'Œuvre*, 16 Avril 1926.)

Pourquoi les auteurs ont-ils mis sur la scène un fâcheux général? Est-ce une manifestation antimilitariste? Non! Ils voulaient nous montrer un homme sans énergie, qui ne peut même être un chef de famille. La loi du contraste les amenait logiquement à en faire un général. Le métier du héros a été déterminé par le ton même de l'œuvre — *la tragi-comédie*. Le général Vernon n'a pas fait illusion aux maîtres de l'armée. Dès le début des hostilités, ils lui enlevèrent sa brigade. Il s'est retiré en province.

... M. Granval n'est pas inférieur à son illustre partenaire, M. Maurice de Féraudy. Nous ne saurions lui offrir un plus bel éloge. Le doyen de la Maison est en effet un admirable acteur. Jamais il n'a joué avec plus de simplicité, de vérité, d'intelligence. (NOZIÈRE, *L'Avenir*, 19 Avril 1926.)

21 Avril 1926. — **Vieille renommée** (1). Comédie en un acte, en prose, de M. Alfred ATHIS.

(1) Cette pièce fut représentée pour la première fois au théâtre Antoine, le 3 Avril 1906, avec la distribution suivante : MM. Signoret, *Beaupreau*. — Desfontaines, *Duchâtel*. —

MM. Brunot, *Oscar*. — Denis d'Inès, *Beaupréau*. — Numa, *Duchâtel*. — Ledoux, *Journot*. — Rognoni, *Méguin*. — Chambreuil, *Leversier*. — G. Vallée, *Raoul*. — Mmes Navar, *Mme Journot*. — Fédor, *Paulette*. — Roussel, *Mme Leduc*.

Des puristes murmurèrent qu'il ne s'agissait là que d'un vaudeville; mais ils le murmuraient à propos de *L'Anglais tel qu'on le parle!* Et que signifient ces « catalogages », je vous le demande, lorsqu'une œuvre (et c'est le cas pour *L'Anglais* comme pour *Vieille renommée*) étincelle de verve, d'esprit, d'humour précieux; fourmille de traits d'observation, de traits de caractère, et nous fait rire, une demi-heure de suite, sans répit, sans remords, grâce à l'allègre verdeur d'un texte, au génie comique d'interprètes tels que MM. Denis d'Inès, Brunot. (Edmond Sée, *L'Œuvre*, 26 Avril 1926.)

A quoi rêvent les jeunes filles (1). Comédie en deux actes et neuf tableaux, en vers, d'Alfred DE MUSSET. Musique de Claude DEBUSSY.

MM. Denis d'Inès, *le Duc Laerte*. — Drain, *Spadille*. — Rognoni, *Quinola*. — Bertin, *Irus* — Yonnel, *Silvio*. — Mmes Renaud, *Ninon*. — Bell, *Ninette*. — Samary, *Flora*.

On a remis, ou plutôt, on a mis à la scène une exquise bluette d'Alfred de Musset, qui, en réalité, ne comporte guère qu'une demi-douzaine de merveilleux morceaux poétiques, lesquels, d'ailleurs, furent dits avec une rare perfection, notamment par Denis d'Inès. Cependant le succès de cette restitution est presque complètement allié à la mise en scène de M. Granval; cette fois, plus heureux que précédemment, il a réalisé une sorte de petit chef-d'œuvre de grâce, d'esprit et d'art, avec le concours de Mme Marie Laurencin qui donna les esquisses de plusieurs très beaux décors. On a donc royalement traité Musset avec cette succession de tableaux qui a justement soulevé l'enthousiasme de l'auditoire. Les costumes, conçus avec autant d'élégance, et l'adaptation à la mise en scène d'une incomparable musique de Claude Debussy, ont complété un ensemble vraiment magnifique. L'interprétation, parlée, dansée et mimée, prend figure d'une sorte de ballet lyrique, absolument exquis. Les deux jeunes filles qui rêvent, Mlles Marie Bell et Renaud, furent tout à fait charmantes et, selon son habitude, Bertin a fait merveille dans l'un de ces cocasses personnages qui égaient si plaisamment les contes de Musset. (ANTOINE, *L'Information*, 17 Mai 1926.)

Mosnier, *Journot*. — Degeorge. *Méguin*. — Bernard, *Oscar*. — Marot, *Leversier*. — Villé, *Raoul*. — Mmes Miller, *Mme Leduc*. — Colas, *Mme Journot*. — Péri, *Paulette*.

Les critiques n'ayant pu assister, le 21 Avril, à la double représentation de *Vieille renommée* et de *A quoi rêvent les jeunes filles*, la Comédie-Française a donné ces deux pièces en répétition générale avec *Le Pèlerin*, de M. C. Vildrac, le 12 Mai.

(1) L'affiche porte : « Première représentation à ce théâtre (Version intégrale). » Des fragments de *A quoi rêvent les jeunes filles* avaient été joués 20 fois à la Comédie-Française de 1880 à 1921.

22 Avril 1926. — **Recommencement** (1). Poème dialogué de M. J. VALMY-BAYSSE.

M. Monteaux, *le Voyageur.* — Mme Ducos, *la Jeune femme.*

14 Mai 1926. — **Le Pèlerin.** Pièce en un acte, de M. Charles VILDRAC.

M. Bernard, *Édouard Desaresnes.* — Mmes Bovy, *Denise Dentin.* — Nizan, *Henriette Dentin.* — Fonteney. *Mme Veuve Irma Dentin, née Desaresnes.*

Quant au *Pèlerin* de M. Vildrac, c'est un des actes les plus tendrement émouvants, les plus pénétrants, les plus subtilement et largement évocateurs que l'on puisse rêver, et nous retrouvons ici les qualités mêmes de l'auteur de *Madame Béliard,* ce chef-d'œuvre. (Edmond SÉE, *L'Œuvre.* 14 Mai 1926.)

C'est l'histoire toute simple d'un homme mûrissant, qui, avant de s'expatrier pour ne plus revenir probablement en France, a voulu revoir la maison familiale où il est né, embrasser sa sœur et des nièces depuis longtemps perdues de vue. Dans sa nudité apparente et sa simplicité, ce sujet remue un monde de sentiments et d'idées, dresse des caractères dessinés avec une maîtrise qui s'égale à celle des plus beaux écrivains modernes. La longue scène qui ouvre la pièce, entre Léon Bernard et sa petite nièce Mlle Berthe Bovy, est un admirable morceau, d'un réalisme et d'une poésie intenses. *Le Pèlerin.* après avoir évoqué avec sa sœur les vieilles querelles familiales de jadis, constate une dernière fois les malentendus qui l'éloignèrent des siens et s'en retourne avec la conviction que tout cela était inévitable et sans remède. On songe à *Poil de Carotte* et aussi au *Village,* de Feuillet.

Cette fois, Vildrac a trouvé à la Comédie-Française un ensemble d'interprètes absolument supérieur et digne de notre première scène. Mlle Berthe Bovy s'est montrée, plus que jamais, une grande comédienne, dont malheureusement le répertoire de la Maison ne suffit pas à épuiser le merveilleux talent. Elle et Léon Bernard ont magistralement joué la grande scène dont je parlais tout à l'heure, et Mlle Fonteney a trouvé, elle aussi, l'occasion de dessiner une figure extraordinairement vivante de vieille dame provinciale; Mlle Nizan n'a point déparé cet ensemble unique et un vrai triomphe a salué cette œuvre d'une valeur dont nous perdons. hélas! de plus en plus l'habitude, et qui honore également l'auteur et la Comédie qui l'a accueillie. (ANTOINE, *L'Information.* 17 Mai 1926.)

21 Juin 1926. — **Les Compères du roi Louis.** Chronique de France, en cinq actes, de M. Paul FORT.

MM. Fenoux, *François de Paule.* — Dessonnes, *Philippe de Commines.* — Bernard, *Guillaume Bische.* — Denis d'Inès, *Louis XI.* — Fresnay, *Antoine*

---

(1) Cette pièce, avant d'être reçue officiellement, avait été jouée, par les mêmes interprètes. à la matinée poétique du samedi 27 Février 1926.

Canard (1). — Hervé, *Charles le Téméraire.* — Lafon, *Maître Coictier.* — Gerbault, *Messire des Cordes.* — Dorival, *Tristan l'Ermite.* — Drain, *Pierre Doriole.* — Reyval, *Olivier le Dain.* — Ledoux, *Simon Badelorge.* — Rognoni, *Le Glorieux.* — Bacqué, *le Cardinal La Balue.* — Weber, *un Officier du roi Louis.* — Chambreuil, *le Roi René.* — Simon, *M. de Toulongeon* — Simon, *Arnould.* — Falconnier, *un Héraut d'armes.* — Dufresne, *Messire d'Auxi.* — Évrard, *Aubert.* — Gitenet, *M. de Rubempré.* — Mmes Bovy, *Marianne des Cordes.* — De Chauveron, *la Reine Charlotte.* — Navar, *Mme Anne de Beaujeu.* — Sully, *1re Dame d'atours.* — Lherbay, *Dame d'atours.* — Roussel, *une Paysanne.* — O. Brianne, *un Page.* — Y. Hautin, *une Dame d'atours.* — Courtin, *une Dame d'atours.* — La petite S. Launois, *le Dauphin de France.*

Le livre d'images présente des pages qui ne sont pas toutes intéressantes au même degré; j'ai dit combien était supérieur aux autres actes celui de la fête en l'honneur du dauphin; il y règne une certaine poésie, une majestueuse familiarité qui ne manquent pas de grandeur ni d'intérêt. Mais que de discours, que de phrases sibyllines parmi ces cinq actes! Il y a des épisodes superflus, il y a des points obscurs; le ciseau fera besogne utile en plus d'un endroit. (Louis SCHNEIDER, *Le Gaulois,* 20 Juin 1926.)

La présentation vient de prouver que, lorsqu'on s'y efforce, on peut encore réaliser de grandes choses au Théâtre-Français. Tout a été excellent, la décoration, les costumes et l'interprétation. Ces scènes tumultueuses, les évolutions de nombreux personnages, furent réglées avec une précision, une flamme dignes des plus sincères éloges. Denis d'Inès assumait la redoutable tâche de composer ce rôle de Louis XI, qui sous son apparente et traditionnelle uniformité, est, en réalité, d'une complication infinie. Son physique l'y destinait évidemment, et aura beaucoup contribué à son vif succès. Léon Bernard a superbement réalisé la gigantesque figure de Bische et s'y est fait justement acclamer dans le prodigieux récit du siège de Beauvais. (ANTOINE, *L'Information,* 28 Juin 1926.)

17 Octobre 1926. — **La Leçon de Talma.** Un acte, en vers, de M. René FAUCHOIS (2).

MM. Alexandre, *Talma.* — Weber, *un Jeune homme.*

6 Décembre 1926. — **Le Cœur partagé.** Pièce en quatre actes, en prose, de M. Lucien BESNARD.

(1) Ce rôle fut joué à la répétition générale par M. Bertin.
(2) A la première représentation l'affiche portait : « A-propos en un acte, etc. »

MM. Siblot, *Jean Coudray*. — Alexandre, *Jean-Louis Marnier*. — Gerbault, *Philippe de Mortrée*. — Luguet, *Pierre Rigaud*. — Dufresne, *François*. — Fouché, *Gaston Marnier*. — Évrard, *Jean*. — Mmes Piérat, *Frédérique*. — Robinne, *Mistress Winton*. — Bretty, *Duchesse de Mortrée*. — O. Brianne, *une Femme de chambre*. — Y. Hautin, *Émilie*.

L'auteur pose un cas exceptionnel. Au moment d'en tirer les conséquences il hésite, il échappe. Il a le souci de la Maison pour laquelle il écrit et de la prudence que la liberté comporte dans cette maison-là. Il détourne sa pensée première des prolongements auxquels en toute logique, en toute nécessité elle devait aboutir. L'ouvrage dès lors prend une sorte d'incertitude un peu molle.

... Je suis très convaincu que telle est précisément la pensée de l'auteur. Mais sa pièce est un effort perpétuel pour la dissimuler, pour la cacher si bien et si profondément et avec tant de précaution qu'elle devienne invisible. Elle le devient en effet. L'ouvrage dès lors semble lutter sans cesse contre lui-même. Je ne reproche pas à M. Besnard, rassurez-vous, de n'avoir pas écrit la comédie de l'inceste. Je déplore seulement qu'il ait tout agencé pour nous la suggérer et qu'ensuite il se soit appliqué pas à pas à détruire ou, mieux, à contredire son intention. L'ouvrage en reçoit un caractère hésitant qui lui nuit.

... Mme Piérat prête au personnage l'accent simple et vrai de son talent et de son émotion. Elle joue de la façon la plus humaine. M. Alexandre est avec une autorité pleine d'aisance le beau docteur-don Juan sûr de ses forces et de son pouvoir. (Pierre Brisson, *Le Temps*, 13 Décembre 1926.)

REPRISES

9 Janvier 1926. — **Idylle,** d'Alfred DE MUSSET.
MM. Guilhène, *Albert.* — Bertin, *Rodolphe.*

23 Février 1926. — **L'Ami des femmes.** Comédie en cinq actes, en
prose, d'Alexandre DUMAS fils
MM. Dessonnes, *de Simerose.* — Denis d'Inès, *Lererdet.* — Lafon, *des Targettes.* — Gerbault, *de Montègre.* — Le Bargy, *de Ryons.* — Drain, *Joseph.* —
Bertin, *de Chantrin.* — Dufresne, *un Domestique.* — Mmes Dux, *Mme Leverdet.* — Renaud, *Balbine Leverdet.* — Bell, *Jane de Simerose.* — Fédor,
Mlle Hackendorf. — Roussel, *une Femme de chambre.*

La représentation de ce soir marque un date dans l'histoire de *L'Ami des
femmes,* car c'est la première fois que les personnages d'Alexandre Dumas fils
revêtent les costumes de l'époque de la création. (Émile MAS, *Le Petit bleu,* 26 Février 1926.)

14 Mars 1926. — **Les Cloches de Port-Royal.** Poème de
Mme Jeanne DORTZAL. Musique de M. Marcel ETÉVÉ.
M. Fenoux, *Jean Racine.* — Mlle Roch, *la Tragédie.*

6 Juin 1926. — **Rodogune.** Tragédie en cinq actes, de CORNEILLE.
MM. Albert-Lambert, *Antiochus.* — Hervé, *Seleucus.* — Bacqué, *Oronte.*
— Chambreuil, *Timagène.* — Mmes Weber, *Cléopâtre.* — Roch, *Rodogune.*
— Barjac, *Laonice.*

1er Juillet 1926. — **Alkestis.** Drame en quatre actes et un prologue, en
vers, de M. Georges RIVOLLET, d'après EURIPIDE.
M. Albert-Lambert, *Héraklès.* — Fresnay, *Apollon.* — Hervé, *Admetos.* —

Gerbault, *1er Coryphée*. — Dorival, *Phérès*. — Drain, *2e Coryphée*. — Ledoux, *un Esclave*. — Bacqué, *Thanatos*. — Simon, *un Esclave*. — Falconnier, *un Pauvre*. — Mmes Ventura, *Alkestis*. — Even, *une Mère*. — Sully, *une Servante*. — Fédor, *une Jeune fille*. — O. Brianne, *une Canéphore*.

29 Juillet 1926. — **La Mère confidente.** Comédie en trois actes, en prose, de Marivaux. (Nouvelle présentation.)

MM. Dehelly, *Dorante*. — Croué, *Lubin*. — Bertin, *Ergaste*. — Mmes Dux, *Mme Argante*. — Bovy, *Angélique*. — Dussane, *Lisette*.

1er Septembre 1926. — **Chatterton.** Drame en trois actes, d'Alfred de Vigny. (Nouvelle présentation.)

MM. Fresnay, *Chatterton*. — Dorival, *Lord Beckford (Lord-Maire de Londres)*. — Ledoux, *John Bell*. — Bertin, *Lord Talbot*. — Bacqué, *un Quaker*. — Weber, *Lord Landerdale*. — Foussard, *Lord Kingston*. — Martin, *un Groom*. — Mlle Ventura, *Kitty Bell*.

Rachel, fille de Kitty Bell. — Son frère. — Jeunes lords. — Ouvriers. — Domestiques.

L'austérité de *Chatterton* rebute bien des spectateurs que le caractère du héros de Vigny déconcerte, et Francisque Sarcey traduisait, j'en suis certain, le sentiment du public lorsqu'il disait : « Jamais brouillard d'ennui plus subtil et plus dense ne s'échappa d'une œuvre de théâtre pour embrumer la salle... » (Émile Mas, *Le Petit bleu*. 4 Septembre 1926.)

18 Octobre 1926. — **Le Bon roi Dagobert.** Comédie en quatre actes, en vers, de M. André Rivoire. — Musique de scène de M. Raymond Charpentier.

MM. Siblot, *Odoric*. — Brunot, *Dagobert*. — Croué, *Éloi*. — Drain, *Pépin*. — Ledoux, *le Jardinier*. — Simon, *Ega*. — De Rigoult, *l'Ordonnateur*. — Evrard, *un Jeune leude*. — Martin, *un Jeune leude*. — Mmes Renaud, *Nantilde*. — Bell, *la Reine*. — Samary, *une Dame d'honneur et une Novice*. — Navar, *Bertrude*. — Sully, *une Dame d'honneur et une Novice*. — Fédor, *une Dame d'honneur et une Novice*. — Lherbay, *l'Intendante*. — O. Brianne, *une Novice*. — Y. Hautin, *une Dame d'honneur*.

Pour cette reprise, M. Rivoire a refait son quatrième acte. Cette nouvelle version n'est pas plus heureuse que la première.

17 Novembre 1926. — **Le Mariage de Victorine.** Comédie en trois actes, en prose, de George Sand.

MM. Denis d'Inès, *Antoine*. — Desjardins, *Vanderke père*. — Fresnay, *Fulgence*. — Guilhène, *Alexis Vanderke*. — Mmes Dux, *Mme Vanderke*. — Bovy, *Victorine*. — Roméo, *Sophie*.

Pour ma part, je n'ai pas été très satisfait de la distribution de certains rôles, et j'estime que l'on a commis une double erreur en choisissant Mlle Bovy et Denis d'Inès pour incarner Victorine et Antoine.

Pour ceux qui ont vu *Le Mariage de Victorine* avec Mme Barretta, il ne saurait y avoir une autre Victorine aussi exquise...

Mais on pouvait, au moins, chercher une jeune comédienne se rapprochant le plus possible de ce modèle; or elle se trouvait dans la troupe. Mlle Marie Bell fut au Conservatoire une Victorine charmante. (Émile MAS, *Le Petit bleu*, 22 Novembre 1926.)

FAITS IMPORTANTS DE LA SCÈNE

30 Avril 1926. — Représentation de retraite de M. Georges **Berr.**

Concours de bébés (1). Saynète en un acte de M. Marcel GIRETTE. — MM. Guilhène, *Henri Courtois.* — Ledoux, *un Vieux monsieur.* — Mlle Nizan, *Angèle Vaillard.*

Gringoire (2). MM. Silvain, *Louis XI.* — Berr, *Gringoire.* — Gerbault, *Olivier-le-Daim.* — Drain, *Simon Fournier.* — Mmes Colonna Romano, *Loyse.* — De Chauveron, *Nicole.*

Intermède : M. A. Borovsky. — Mme F. Litvinne. — M. R. Benedetti. — Argentina.

Le Légataire universel (3). MM. Berr, *Crispin.* — Debelly, *Éraste.* — Lafon, *Géronte.* — Falconnier, *un Laquais.* — Dufresne, *2ᵉ Laquais.* — Mlle Faber, *Lisette.*

La Fête de la chanson. — M. Fursy. — Mlle L. Vauthrin. — M. de Féraudy. — Mme Bovy. — M. L. Fugère. — Mlle Roch. — Saint-Granier. — Mlle E. Favart. — M. P. Bertin. — Mlle M. Deval. — M. Berr. — Mlle Leconte. — Chœur composé de Mmes Faber, Ducos, de Chauveron, Barjac, Samary, Navar, Servière, Sully, Brille, Fédor.

La recette est de 113 267 francs.

30 Juillet 1926. — **Il ne faut jurer de rien.** Comédie en trois actes (7 tableaux), en prose, d'Alfred DE MUSSET. (Nouvelle présentation.)

C'est Fresnay qui a été le metteur en scène, l'animateur comme on dit aujourd'hui, de cette « renaissance » de *Il ne faut jurer de rien*, et une fois de plus il nous a prouvé qu'il était un artiste dans le sens le plus étendu et le plus affiné du terme et qu'il possédait un instinct du théâtre, une vue d'ensemble, une science, un sens des couleurs et de l'harmonie qui le hausseront au niveau des plus grands parmi ses aînés. (Émile MAS, *Le Petit bleu,* 1ᵉʳ Août 1926.)

(1) Première représentation.
(2) Huit rappels.
(3) 2ᵉ et 3ᵉ actes Dix rappels.

*9 Septembre 1926. — ***Tartuffe.** Comédie en cinq actes, en vers, de
Molière.

Verbe et physiognomonie, voilà à quoi se résout, en somme, ce chef-d'œuvre,
voilà ce que le metteur en scène doit dégager plutôt que d'ajuster un vain attirail
qui risquera toujours d'accabler par des éléments tout matériels ces éléments pri-
mordiaux.

L'intelligence de cela fait le grand mérite de la nouvelle mise en scène de
M. Charles Granval, qu'il faudrait appeler plutôt une revision des mouvements,
des figures et des groupements dans leurs détails, plutôt qu'une transformation
totale. (Gabriel Boissy, *Comœdia*, 14 Septembre 1926.)

SOCIÉTAIRE DÉCÉDÉE

—

15 Novembre 1926. — Clémence **Valpreux.**

« Quelle belle carrière! » direz-vous. Sans doute, mais que de difficultés Mlle Valpreux eut à surmonter, et que de dégoûts elle dut essuyer, surtout après l'armistice! Que de rôles elle aurait dû créer ou reprendre qui furent distribués à d'autres dont la valeur était cependant bien inférieure!... Ce n'est pas tout : en 1922, Mlle Valpreux, qui comptait déjà huit années de brillants services à la Comédie, se vit sur le point d'être encore ajournée au moment des élections au sociétariat. Il fallut une énergique, une véhémente intervention de la presse pour que justice lui fût rendue. Mais le coup était porté, Mlle Valpreux, lassée par les luttes de couloir, se désintéressait peu à peu du théâtre et, en février 1924, elle renonçait à la scène pour se marier.

Mlle Valpreux, depuis deux ans, était, je le reconnais, morte pour la Comédie-Française, mais ceux qui l'avaient admirée et aimée se réjouissaient de la savoir heureuse.

Devant son cercueil, nous pensons de nouveau à la gentille comédienne dont la sensibilité douce et profonde nous émut si souvent, tandis que nous étions charmés par sa bonne grâce souriante.

Durant dix années (1914-1924), elle a servi fidèlement la Comédie-Française. Son souvenir vivra longtemps dans le cœur de tous les amis de la Maison. (Émile Mas, *Le Petit bleu*. 17 Novembre 1926.)

DÉCRETS ET ARRÊTÉS

Décret du 12 Janvier 1926.

Le Président de la République française,

Sur le rapport du ministre de l'instruction publique et des beaux-arts,
Vu l'acte de société du 27 germinal an XII entre les comédiens français;
Vu les décrets des 15 octobre 1812 et 27 avril 1850;
Vu le décret du 9 mai 1919,

Décrète :

Art. 1er. — L'article 1er du décret du 9 mai 1919 est remplacé par le suivant :

« La régie et l'administration des intérêts de la société des comédiens français est confiée à un comité composé de six sociétaires, membres titulaires, et de trois sociétaires, membres suppléants.

« Les titulaires et les suppléants seront nommés, chaque année, par le ministre de l'instruction publique et des beaux-arts. Leurs pouvoirs seront renouvelables.

« Les membres suppléants ne seront appelés à prendre part aux délibérations du comité qu'en cas d'absence de titulaires.

« Le comité sera présidé par l'administrateur général et désignera un secrétaire pour tenir le registre des délibérations.

« Les décisions du comité seront valables quel que soit le nombre des membres présents à la séance. »

Art. 2. — Le ministre de l'instruction publique et des beaux-arts est chargé de l'exécution du présent décret.

Fait à Paris, le 12 janvier 1926.

Gaston DOUMERGUE.

Par le Président de la République :

Le ministre de l'instruction publique et des beaux-arts,
DALADIER.

Décret du 14 Janvier 1926.

Le Président de la République française,

Sur le rapport du ministre de l'instruction publique et des beaux-arts,

Vu les décrets des 15 octobre 1812 et 27 avril 1850, concernant le régime administratif de la Comédie-Française;

Vu le décret du 12 octobre 1920;

Vu la lettre de l'administrateur général de la Comédie-Française en date du 23 décembre 1925,

Décrète :

ART. 1er. — L'allocation annuelle aux sociétaires de la Comédie-Française, calculée proportionnellement à la quotité de la part sociale, est portée de 1 500 francs à 2 000 francs par douzième de part, c'est-à-dire à 24 000 francs pour la part entière. Elle sera payable mensuellement.

ART. 2. — Le ministre de l'instruction publique et des beaux-arts est chargé de l'exécution du présent décret, qui sera publié au *Journal officiel* et inséré au *Bulletin des lois*.

Fait à Paris, le 14 janvier 1926.

Gaston DOUMERGUE.

Par le Président de la République :

Le ministre de l'instruction publique et des beaux-arts,

DALADIER.

Décret du 2 Juin 1926.

Le Président de la République française,

Sur le rapport du ministre de l'instruction publique et des beaux-arts,

Vu le décret du 15 octobre 1812 et le décret du 27 avril 1850,

Décrète :

ART. 1er. — Le décret du 27 avril 1850 relatif au régime administratif de la Comédie-Française est modifié comme il suit à l'article 12 concernant les bénéfices des sociétaires.

Le paragraphe 5 de cet article, ainsi conçu : « Une moitié est mise en réserve et soumise aux dispositions des articles 22, 23, 24, 25, 26 et 27 du décret du 15 octobre 1812 », est complété par la phrase suivante : « cependant un cinquième de cette somme est laissé à la disposition du sociétaire pour acquitter ses impôts ».

ART. 2. — Le ministre de l'instruction publique et des beaux-arts est chargé de l'exécution du présent décret.

Fait à Paris, le 2 juin 1926.

Gaston DOUMERGUE.

Par le Président de la République :

Le ministre de l'instruction publique et des beaux-arts,

LAMOUREUX.

TABLE ALPHABÉTIQUE DES AUTEURS
ET DE LEURS PIÈCES

LES PIÈCES REPRÉSENTÉES POUR LA PREMIÈRE FOIS
A LA COMÉDIE-FRANÇAISE, EN 1926, SONT EN CARACTÈRES ITALIQUES

LES CHIFFRES INDIQUENT LE NOMBRE DES REPRÉSENTATIONS
DE CHAQUE PIÈCE DANS L'ANNÉE (1)

Amiel et **Obey**. *La Carcasse*, 4. — **Athis**. *Vieille renommée*, 14. — **Augier**. L'Aventurière, 9. — **Augier** et **Sandeau**. Le Gendre de M. Poirier, 3.

Banville. Le Baiser, 5; Les Fourberies de Nérine, 2; Gringoire, 8. — **Bataille**. Maman Colibri, 5; La Marche nuptiale, 12. — **Beaumarchais**. Le Barbier de Séville, 3; Le Mariage de Figaro, 8. — **Becque**. Les Corbeaux, 4; Les Honnêtes femmes, 4; La Parisienne, 4. — **Bernard (T.)**. L'Anglais tel qu'on le parle, 14; L'École des quinquagénaires, 2. — **Besnard**. *Le Cœur partagé*, 10. — **Bornier**. La Fille de Roland, 2. — **Brieux**. Blanchette, 4; La Robe rouge, 1.

Caillavet et **Flers**. L'Amour veille, 6; Primerose, 8. — **Chénier (A. de)**. Le Jeune malade, 1. — **Coppée**. Le Passant, 4. — **Cor-**

(1) La Comédie-Française a donné 6 représentations au Théâtre Populaire (salle du Trocadéro) : 3 Janvier, *L'Amour veille*; 7 Février, *Les Affaires sont les affaires*; 14 Mars, *L'Abbé Constantin*; 18 Avril, *La Paix chez soi* et *Le Voyage de M. Perrichon*; 7 Novembre, *Il faut qu'une porte soit ouverte ou fermée* et *Tartuffe*; 5 Décembre, *Hernani*.

La Comédie-Française a donné 11 représentations au Nouveau-Théâtre (rue de Vaugirard) : 8 Janvier, *L'Abbé Constantin*; 22 Janvier, *Les Affaires sont les affaires*; 5 Février, *Le Duel*; 26 Février, *Le Vieil homme*; 12 Mars, *Le Marquis de Priola*; 19 Mars, *L'Aventurière* et *Les Grands garçons*; 1er Octobre, *Le Secret de Polichinelle*; 15 Octobre, *Le Demi-monde*; 5 Novembre, *Le Passant* et *Aimer*; 19 Novembre, *Primerose*; 10 Décembre, *Gringoire* et *Tartuffe*.

(1) Fragments.
(2) Première représentation de la version intégrale. Des fragments avaient été joués 20 fois à la Comédie-Française de 1880 à 1921.

— **Porto-Riche.** Amoureuse, 9; L'Infidèle, 6; Le Passé, 6; Le Vieil homme, 5.

Racine. Andromaque, 4; Bérénice, 2; Britannicus, 9; Mithridate, 1; Phèdre, 6; Les Plaideurs, 3. — **Raynal.** Le Tombeau sous l'Arc de Triomphe, 3. — **Regnard.** Démocrite (1), 3; Le Légataire universel (2), 3. — **Renard.** Le Plaisir de rompre, 1; Poil de Carotte, 3. — **Richepin.** Le Flibustier, 4. — **Rivoire.** Le Bon roi Dagobert, 16; Il était une bergère..., 4. — **Rivollet.** Alkestis, 2.

Sand (Mme). Maître Favilla (version de **Truffier**), 2; Le Mariage de Victorine, 3. — **Sarment.** L'Obole d'un soir ancien, 1. — **Sée.** Un Ami de jeunesse, 4.

Truffier et **Maréchal.** Les Fiançailles de l'ami Fritz, 1.

Valmy-Baysse. *Recommencement* (3), 4. — **Vanderem.** Les Fresnay, 3. — **Vicaire** et **Truffier.** Fleurs d'Avril, 2. — **Vigny.** Chatterton, 8; Quitte pour la peur, 1. — **Vildrac.** *Le Pèlerin*, 17. — **Villeroy.** Le Retour à la terre, 1.

Wolff. Les Marionnettes, 7; *Le Secret de Polichinelle*, 22.

(1) Scène.
(2) A une de ces représentations on n'a donné que les 2ᵉ et 3ᵉ actes.
(3) Non compris la représentation donnée à la matinée poétique du 27 Février, avant la réception officielle de la pièce.

TABLE ALPHABÉTIQUE DES PIÈCES

LES PIÈCES REPRÉSENTÉES POUR LA PREMIÈRE FOIS
A LA COMÉDIE-FRANÇAISE, EN 1926, SONT EN CARACTÈRES ITALIQUES

LES CHIFFRES INDIQUENT LE NOMBRE TOTAL DES REPRÉSENTATIONS
DE CHAQUE PIÈCE, A LA COMÉDIE-FRANÇAISE, JUSQU'AU 31 DÉCEMBRE 1926

A quoi rêvent les jeunes filles (1) (MUSSET), 34. — L'Abbé Constantin (CRÉMIEUX et P. DECOURCELLE), 144. — Les Affaires sont les affaires (MIRBEAU), 231. — Aimer (GÉRALDY), 106. — Alkestis (RIVOLLET), 29. — Un Ami de jeunesse (SÉE), 34. — L'Ami des femmes (DUMAS fils), 172. — L'Ami Fritz (ERCKMANN et CHATRIAN), 404. — L'Amour veille (CAILLAVET et FLERS), 154. — Amoureuse (PORTO-RICHE), 157. — Andromaque (RACINE), 994. — L'Anglais tel qu'on le parle (T. BERNARD), 258. — L'Avare (MOLIÈRE), 1 638. — L'Aventurière (AUGIER), 614.

Le Baiser (BANVILLE), 164. — Barberine (MUSSET), 36. — Le Barbier de Séville (BEAUMARCHAIS), 876. — Bérénice (RACINE), 241. — Bettine (MUSSET), 15. — Blanchette (BRIEUX), 104. — Le Bon roi Dagobert (RIVOIRE), 73. — La Bonne mère (FLORIAN), 34. — Boubouroche (COURTELINE), 61. — Le Bourgeois gentilhomme (MOLIÈRE), 592. — Britannicus (RACINE), 820.

Un Caprice (MUSSET), 422. — Les Caprices de Marianne (MUSSET), 284. — *La Carcasse* (AMIEL et OBEY), 4. — *Carmosine* (MUSSET), 9. — Le Chandelier (MUSSET), 183. — Chatterton (VIGNY), 90. — Le Cid (P. CORNEILLE), 1 079. — Cinna (P. CORNEILLE), 654. — Les Cloches de Port-Royal (Mme DORTZAL), 8. — Le Cœur a ses raisons... (FLERS et CAILLAVET), 48. — *Le Cœur partagé* (BESNARD), 10. — *Les Compères du roi Louis* (FORT), 25. — Les Corbeaux

(1) Dans les vingt représentations antérieures à 1926, qui sont comprises ici, on n'a donné que des fragments de cette comédie.

____

(1) Scène.

(1) Fragments.

ADMINISTRATION

Administrateur général. — M. E. FABRE.

Secrétaire général. — M. L. PAYEN.

Contrôleur général. — M. E. DUBERRY.

Bibliothécaire-archiviste. — M. J. COÜET.

Secrétaire des Comités d'Administration et de Lecture. — M. J. COÜET.

Archiviste adjoint. — M. J. MONVAL.

Régisseur général. — M. L. BOURNY.

Régisseur général adjoint. — M. H. CARTIER.

Régisseur de la scène. — M. C. BERTEAUX.

Lecteur. — M. A. SÉCHÉ.

Caissier. — M. G. FLEURY.

Contrôleur en chef. — M. COURCIER jusqu'au 31 Août. M. BERQUE à partir du 1er Septembre.

Chef de musique. — M. R. CHARPENTIER.

Chef machiniste. — M. CHAUSSADE.

COMPOSITION DE LA TROUPE

Sociétaires : MM. Silvain (1), de Féraudy, Albert-Lambert fils, Dehelly, Siblot, Dessonnes, Brunot, Croué, Bernard, Le Roy, Alexandre, Denis d'Inès, Desjardins, Granval, Monteaux, Fresnay, Hervé; Mmes Weber, Leconte, Sorel, Piérat, Cerny, Delvair, Roch, Devoyod, Dux, Bovy, Dussane, Ventura, Robinne, Duflos (quitte la Comédie-Française à la fin de Juin), Colonna Romano.

Pensionnaires : MM. Numa, Lafon, Guilhène, Gerbault, Dorival, Drain, Le Bargy, Reyval (cesse de faire partie de la Comédie-Française en Juin), Ledoux, Rognoni, Bertin, Luguet, Bacqué, Weber, Chambreuil, Simon, Yonnel, de Rigoult; Mmes Faber, Even, Ducos, de Chauveron, Rémy (quitte la Comédie-Française à la fin de l'année), Bretty, Guintini, Nizan, Barjac, Fonteney, Renaud, Bell, Marquet, Samary, Thomsen, Navar, Servière, Sully, Brille, Fédor, Romée, Lherbay.

Coryphées : MM. Dufresne, Fouché; Mme Roussel.

M. Falconnier, ancien pensionnaire, joue, depuis 1920, au cachet.

Sociétaires honoraires (2) : Mmes Bartet, Kolb, Silvain; MM. Truffier, Mayer, Berr, Duflos (3), Fenoux, Silvain (4).

Sociétaires retraités : MM. Prud'hon, Baillet, Le Bargy, Delaunay, Leitner; Mmes Broisat, Marsy, Barretta, Kalb, Dudlay, Müller, du Minil, Lara.

(1) Voir ci-dessous, note (4).

(2) Des sociétaires honoraires, seuls MM. Mayer et Fenoux jouèrent en 1926.

(3) Au commencement de 1926, M. Duflos — dont, en 1925, nous avions mis le nom dans la catégorie des sociétaires retraités — nous a écrit en ces termes : « Vous avez commis une erreur en regard de mon nom : je suis sociétaire « honoraire » nommé par un arrêté ministériel (Léon Bérard) en date de fin Décembre 1924. Il ne me plaît pas de bénéficier de cet avantage que je n'ai d'ailleurs pas demandé. »

(4) Mis à la retraite — par M. François Albert, ministre de l'Instruction publique et des Beaux-Arts — et nommé sociétaire honoraire à partir du 1er Janvier 1926, M. Silvain a fait appel de ces décisions devant le Conseil d'État, qui, par arrêt du 24 Décembre 1926, l'a réintégré dans la Société des Comédiens français (voir page 28).

Anciennes sociétaires : **Mmes Brandès, Géniat, Valpreux** (décédée le 15 Novembre).

Sociétaire nouvelle : Mme Colonna Romano.

Débuts : MM. Yonnel, de Rigoult, Fouché; Mlle Roméc.

Nécrologie : Mme Valpreux (voir page 12).

TABLE ALPHABÉTIQUE DES ARTISTES

AVEC LES PRINCIPAUX RÔLES JOUÉS PAR EUX POUR LA PREMIÈRE FOIS EN 1926

M. **Albert-Lambert** fils **(R.)**. Débute le 17 Septembre 1885. Sociétaire en 1891. Part, depuis 1904, douze douzièmes. *Carmosine* (Pierre d'Aragon). 1re Rep. à ce théâtre. — *Alkestis* (Héraklès).

M. **Alexandre (R.)**. Débute le 13 Décembre 1908. Sociétaire en 1920. Part, depuis 1926, douze douzièmes. *La Leçon de Talma* (Talma). 1er Rep. — *Le Cœur partagé* (Jean-Louis Marnier). 1re Rep.

M. **Bacqué (A)**. Débute le 25 Février 1925. *OEdipe roi* (Le Prêtre de Jupiter). — *Le Mariage de Figaro* (Antonio). — *Le Duel* (Mgr Bolène). — *Le Malade imaginaire* (Purgon). — *Chatterton* (Un Quaker). — *L'Ami des femmes* (Leverdet). *Quitte pour la peur* (Tronchin).

Mme **Barjac (M.)**. Débute le 24 Mars 1919. — *Rodogune* (Laonice). — *Démocrite* (1) (Cléanthis).

Mlle **Bell (M.)**. Débute le 12 Septembre 1921. — *Carmosine* (Carmosine). 1re Rep. à ce théâtre. — *L'Ami des femmes* (Jane de Simerose). — *A quoi rêvent les jeunes filles* (Ninette). 1re Rep. (2). — *Paraître* (Juliette). — *Le Bon roi Dagobert* (La Reine).

M. **Bernard (L.)**. Débute le 7 Août 1910. Sociétaire en 1914. Part, depuis 1923, douze douzièmes. — *Le Secret de Polichinelle* (M. Jouvenel). 1re Rep. à ce théâtre. — *Le Pèlerin* (Édouard Desavesnes). 1re Rep. — *Les Compères du roi Louis* (Guillaume Bische). 1re Rep.

M. **Bertin (P.)**. Débute le 18 Octobre 1923. *Idylle* (Rodolphe). — *L'Ami des femmes* (de Chantrin). — *Le Légataire universel* (Éraste). — *A quoi rêvent les jeunes filles* (Irus). 1re Rep. (3). — *Le Bourgeois gentilhomme* (Le Muphti). — *Le Bourgeois gentilhomme* (Cléonte). — *Le Voyage de M. Perrichon* (Armand Desroches).

Mme **Bovy (B.)**. Débute le 13 Mai 1907. Sociétaire en 1920. Part : neuf douzièmes et demi en 1926. — *Le Pèlerin* (Denise Dentin). 1re Rep. — *Les Compères du*

(1) Scène.

(2-3) Antérieurement des fragments de *A quoi rêvent les jeunes filles* avaient été représentés à la Comédie-Française.

34

roi Louis (Marianne des Cordes). 1re Rep. — *Il ne faut jurer de rien* (Cécile).
— *Gringoire* (Loyse). — *Le Mariage de Victorine* (Victorine).

Mme Bretty (B.). Débute le 7 Février 1915. — *Le Vieil homme* (Mme Allain). —
Le Mariage de Figaro (Suzanne). — *Le Cœur partagé* (Dme de Mortrée).
1re Rep.

Mlle Brille (L.). Débute le 24 Juillet 1925. — *Cinna* (Livie). — *Le Monde où l'on
s'ennuie* (Mme de Céran). — *Rodogune* (Laonice). — *Le Retour à la terre* (La
Femme).

M. Brunot (A.). Débute le 25 Septembre 1903. Sociétaire en 1910. Part, depuis
1926, douze douzièmes. — *Vieille renommée* (Oscar). 1re Rep. à ce théâtre.

Mlle Cerny (B.). Débute le 2 avril 1906. Sociétaire en 1909. Part, depuis 1920,
douze douzièmes. *La Carcasse* (La Générale). 1re Rep.

M. Chambreuil (M.). Débute le 31 Juillet 1925. — *Horace* (Le Vieil Horace). —
Britannicus (Burrhus). — *Phèdre* (Théramène). — *Polyeucte* (Félix). — *L'École
des maris* (Ariste). — *Le Flibustier* (Legoëz). — *Le Menteur* (Géronte). — *Mithridate* (Arbate).

Mme Chauveron (A. de). Débute le 9 Octobre 1911. — *Le Voyage de M. Perrichon*
(Mme Perrichon). — *Blanchette* (Mme Rousset). — *L'Avare* (Frosine). — *La
Mère confidente* (Lisette).

Mme Colonna Romano (G.). Débute le 6 Juin 1913. Sociétaire en 1926. Part : trois
douzièmes. — *Tartuffe* (Elmire).

M. Croué (J.). Débute le 6 Septembre 1899. Sociétaire en 1914. Part, en 1926,
huit douzièmes et demi.

M. Dehelly (E.). Débute le 3 Décembre 1890. Sociétaire en 1903. Part, en 1926,
neuf douzièmes.

Mme Delvair (J.). Débute le 22 Décembre 1899. Sociétaire en 1910. Part, en 1926,
sept douzièmes.

M. Denis d'Inès (J.). Débute le 12 Juillet 1914. Sociétaire en 1920. Part, en 1926,
huit douzièmes et demi. — *Vieille renommée* (Beaupréau). 1re Rep. à ce
théâtre. — *A quoi rêvent les jeunes filles* (Le Duc Laerte). 1re Rep. (1). —
Les Compères du roi Louis (Louis XI). 1re Rep. — *Le Mariage de Victorine*
(Antoine).

M. Desjardins (J.-M.). Débute le 26 Février 1919. Sociétaire en 1924. Part, en
1926, sept douzièmes. — *Le Menteur* (Géronte). — *Le Mariage de Victorine*
(Vanderke père).

M. Dessonnes (M.). Débute le 11 Octobre 1899. Sociétaire en 1910. Part, en 1926,
sept douzièmes et demi. — *L'Ami des femmes* (de Simerose). — *Les Compères du roi Louis* (Philippe de Commines). 1re Rep. — *Quitte pour la peur*
(Le Duc).

Mme Devoyod (S.). Débute le 24 Septembre 1907. Sociétaire en 1920. Part, en
1926, sept douzièmes et demi.

M. Dorival (G.). Débute le 1er Avril 1918. — *Carmosine* (Ser Vespasiano). 1re Rep.
à ce théâtre. — *Chatterton* (Lord Beckford).

---

(1) Antérieurement des fragments de *A quoi rêvent les jeunes filles* avaient été représentés à la Comédie-Française.

M. **Drain (E.).** Débute le 14 Août 1920. — *On ne badine pas avec l'amour* (Bridaine).

Mme **Ducos (Y.).** Débute le 9 Septembre 1911. — *Recommencement* (La Jeune femme). 1re Rep. — *Les Affaires sont les affaires* (Germaine).

Mme **Duflos (H.).** Débute le 11 novembre 1915. Sociétaire en 1924. Part, en 1926, quatre douzièmes et demi. Quitte la Comédie-Française à la fin de Juin.

M. **Dufresne (M.).** Débute le 1er Novembre 1911.

Mme **Dussane (B.).** Débute le 25 Septembre 1903. Sociétaire en 1922. Part, en 1926, cinq douzièmes et demi. — *Le Bourgeois gentilhomme* (Nicole). — *Carmosine* (Dame Paque). 1re Rep. à ce théâtre. — *Fantasio* (La Gouvernante).

Mme **Dux (E.).** Débute le 21 Décembre 1915. Sociétaire en 1920. Part, en 1926, six douzièmes. — *L'Ami des femmes* (Mme Leverdet). — *La Course du flambeau* (Mme Fontenais). — *La Mère confidente* (Mme Argante). — *Le Mariage de Victorine* (Mme Vanderke).

Mlle **Even (J.).** Débute le 12 Janvier 1911. — *Le Secret de Polichinelle* (Mme Jouvenel). — *Le Jeune malade* (La Mère).

Mlle **Faber (J.).** Débute le 11 Août 1910.

M. **Falconnier (P.).** Débute le 12 mai 1883. Depuis 1920. artiste au cachet.

Mlle **Fédor (T.).** Débute le 8 Septembre 1925. *Vieille renommée* (Paulette). 1re Rep. à ce théâtre. — *Le Duel* (La Dme de Chailles). — *Carmosine* (La Reine Constance). — *L'Ami des femmes* (Mlle Hackendorf).

M. **Fenoux (J.).** Débute le 11 Décembre 1895. Sociétaire en 1906. Part, en 1924, sept douzièmes et demi. Sociétaire honoraire en 1925. En cette qualité a joué très souvent. — *Les Compères du roi Louis* (François de Paule). 1re Rep.

M. **Féraudy (M. de).** Débute le 17 Septembre 1880. Sociétaire en 1887. Part, depuis 1896, douze douzièmes. — *La Carcasse* (Le Général Vernon). 1re Rep.

Mlle **Fonteney (C.).** Débute le 8 Juin 1919. *La Carcasse* (Victorine). 1re Rep. — *Le Pèlerin* (Mme Vve Irma Dentin). 1re Rep. — *Robert et Marianne* (Mme Aufraye).

M. **Fouché.** Débute le 20 Novembre 1926.

M. **Fresnay (P.).** Débute le 1er Septembre 1915. Sociétaire en 1924. Part, en 1926, cinq douzièmes. — *Maman Colibri* (Le Vte Georges de Chambry). — *Le Secret de Polichinelle* (Henri), 1re Rep. à ce théâtre. — *Carmosine* (Minuccio). 1re Rep. à ce théâtre. — *Les Affaires sont les affaires* (Lucien Garraud). — *Les Grands garçons* (Dureux). — *Psyché* (1) (L'Amour). — *Chatterton* (Chatterton). — *Le Mariage de Victorine* (Fulgence).

M. **Gerbault (P.-F.).** Débute le 31 Juillet 1910. — *Œdipe roi* (Tirésias). — *La Carcasse* (d'Albeyrac). 1re Rep. — *Les Marionnettes* (Nizerolles). — *Le Cœur partagé* (Philippe de Mortrée). 1re Rep.

M. **Granval (C.-L.).** Débute le 14 Octobre 1904. Sociétaire en 1922. Part, en 1926, six douzièmes et demi. — *Le Secret de Polichinelle* (Trévoux). 1re Rep. à ce théâtre. — *La Carcasse* (Labrune). 1re Rep. — *Tartuffe* (Tartuffe).

M. **Guilhène (J.).** Débute le 23 Août 1908. — *Idylle* (Albert). — *La Carcasse* (Garnier). 1re Rep. — *Le Secret de Polichinelle* (Henri). — *Le Cid* (Don Sanche). —

_____
(1) Fragments.

Robert et Marianne (Carrier). — *Louison* (Le Duc). — *Le Mariage de Victorine* (Alexis Vanderke).

Mlle Guintini (C.). Débute le 27 Juin 1915.

M. Hervé (J.). Débute le 31 Juillet 1919. Sociétaire en 1925. Part, en 1926, quatre douzièmes et demi. — *Rodogune* (Séleucus). — *Alkestis* (Admétos).

M. Lafon (M.-G.). Débute le 4 Août 1907. — *L'Ami des femmes* (des Targettes).

M. Le Bargy (C.). Débute le 27 Novembre 1880. Sociétaire en 1887. Part. de 1896 à 1911, douze douzièmes. Sociétaire retraité en 1912. Rentré, en qualité de pensionnaire, en 1921. — *L'Ami des femmes* (de Ryons).

Mlle Leconte (M.). Débute le 9 Septembre 1897. Sociétaire en 1903. Part, depuis 1913, douze douzièmes.

M. Ledoux (J.). Débute le 7 Décembre 1921. — *Vieille renommée* (Journot). 1re Rep. à ce théâtre. — *Paraître* (Eugène Raidzell). — *Le Voyage de M. Perrichon* (Le Commandant Mathieu). — *Chatterton* (John Bell). — *Les Compères du roi Louis* (Guillaume Bische).

M. Le Roy (G.). Débute le 13 Décembre 1908. Sociétaire en 1919. Part, en 1926, six douzièmes et demi.

Mme Lherbay. Débute le 7 Janvier 1901.

M. Luguet (A.). Débute le 31 Janvier 1925. — *La Parisienne* (Simpson). — *Paraître* (Jean Raidzell). — *Aimer* (Challange). — *Bettine* (Le Bon de Steinberg). — *Le Cœur partagé* (Pierre Rigaud). 1re Rep.

Mme Marquet (M.). Débute le 25 Février 1923. — *Carmosine* (La Reine Constance). 1re Rep. à ce théâtre. — *L'Aventurière* (Dona Clorinde). — *Bettine* (Bettine).

M. Mayer (H.). Débute le 21 mai 1901. Sociétaire en 1905. Part, de 1920 à 1922, huit douzièmes. Sociétaire honoraire en 1923. En cette qualité a joué quelquefois.

M. Monteaux (R.). Débute le 4 Juillet 1919. Sociétaire en 1923. Part. en 1926, cinq douzièmes. — *Aimer* (Henri). — *Recommencement* (Le Voyageur). 1re Rep. — *L'Ami des femmes* (de Simerose). — *Hernani* (Don Carlos).

Mlle Navar (T.). Débute le 5 Juillet 1925. — *Tartuffe* (Mme Pernelle).

Mlle Nizan (E.). Débute le 3 Octobre 1915. — *Le Pèlerin* (Henriette Dentin). 1re Rep. — *Le Klephte* (Claire). — *Primerose* (Donatienne).

M. Numa (P.). Débute le 10 Janvier 1906. — *Vieille renommée* (Duchâtel). 1re Rep. à ce théâtre.

Mme Piérat (M.-T.). Débute le 22 Décembre 1902. Sociétaire en 1905. Part, depuis 1918, douze douzièmes. — *Le Cœur partagé* (Frédérique). 1re Rep.

Mlle Rémy (J.). Débute le 29 Octobre 1911. Quitte la Comédie-Française à la fin de 1926.

Mme Renaud (M.). Débute le 6 Août 1921. — *Le Secret de Polichinelle* (Marie). 1re Rep. à ce théâtre. — *L'Ami des femmes* (Balbine Leverdet). — *A quoi rêvent les jeunes filles* (Ninon). 1re Rep. (1). — *Barberine* (Kalékairi). — *Le Bon roi Dagobert* (Nantilde).

---

(1) Antérieurement des fragments de *A quoi rêvent les jeunes filles* avaient été représentés à la Comédie-Française.

M. **Reyval (A.).** Débute le 8 Août 1921. Cesse de faire partie de la Comédie-Française en Juin 1926.

M. **Rigoult (P. de).** Débute le 1er Juillet 1926. — *Les Compères du roi Louis* (Olivier le Daim). — *L'Aventurière* (Dario). — *Polyeucte* (Néarque). — *Andromaque* (Pylade). — *La Fille de Roland* (Le Duc Nayme). — *Andromaque* (Pyrrhus). — *Mithridate* (Pharnace). — *L'Avare* (Valère). — *Tartuffe* (L'Exempt). — *Les Fresnay* (Edmond Fresnay). — *Rodogune* (Seleucus).

Mme **Robinne (G.).** Débute le 1er Janvier 1907. Sociétaire en 1924. Part. en 1926, quatre douzièmes et demi. — *Le Cœur partagé* (Mistress Winton). 1re Rep.

Mlle **Roch (M.).** Débute le 15 Février 1903. Sociétaire en 1912. Part, en 1926, onze douzièmes. — *Rodogune* (Rodogune).

M. **Rognoni (R.).** Débute le 18 Juillet 1922.

Mlle **Romée (M.).** Débute le 15 Août 1926. — *L'Avare* (Élise). — *Le Misanthrope* (Éliante). — *Britannicus* (Junie). — *Le Bon roi Dagobert* (Nantilde). — *On ne badine pas avec l'amour* (Camille). — *Le Mariage de Victorine* (Sophie).

Mme **Roussel (J.).** Débute le 15 Décembre 1912.

Mme **Samary (M.).** Débute le 10 Janvier 1925.

Mme **Servière (M.).** Débute le 15 Juillet 1925. — *Le Monde où l'on s'ennuie* (Lucy Watson). — *Les Femmes savantes* (Armande). — *L'Amour veille* (Lucienne de Morfontaine).

M. **Siblot (C.).** Débute le 11 Juillet 1903. Sociétaire en 1909. Part, en 1926, neuf douzièmes. — *Carmosine* (Mr Bernard). 1re Rep. à ce théâtre. — *Les Grands garçons* (M. Pélissier). — *Le Cœur partagé* (Jean Coudray). 1re Rep.

M. **Silvain (E.).** Débute le 7 Mai 1878. Sociétaire en 1883. Part. depuis 1895, douze douzièmes. Doyen de la Comédie-Française depuis 1916. Mis à la retraite par arrêté ministériel et nommé sociétaire honoraire à partir du 1er Janvier 1926, M. Silvain a fait appel de ces décisions devant le Conseil d'État qui, par arrêt du 24 Décembre 1926, l'a réintégré dans la Société des Comédiens français (1).

M. **Simon (R.).** Débute le 1er Août 1925. — *L'Avare* (Harpagon). — *Il ne faut jurer de rien* (L'Abbé). — *L'Épreuve* (Frontin). — *Le Mariage de Figaro* (Antonio).

Mlle **Sorel (C.).** Débute le 17 Juillet 1901. Sociétaire en 1904. Part, depuis 1920, douze douzièmes.

Mlle **Sully (J.).** Débute le 19 Juillet 1925. — *Les Compères du roi Louis* (Marianne des Cordes). — *Le Médecin malgré lui* (Lucinde). — *Le Malade imaginaire* (Angélique). — *Les Plaideurs* (Isabelle).

Mme **Thomsen (J.).** Débute le 1er Février 1925. — *Le Secret de Polichinelle* (Mme Jouvenel). 1re Rep. à ce théâtre.

Mlle **Ventura (M.).** Débute le 21 Octobre 1919. Sociétaire en 1922. Part, en 1926, huit douzièmes et demi. *Alkestis* (Alkestis). — *L'Infidèle* (Vanina). — *Chatterton* (Kitty Bell). — *Tartuffe* (Elmire).

---

(1) Le 26 Février 1926, première représentation de la série donnée par M. Silvain au music-hall de l'Empire. Il joue les 3e et 4e actes de *Tartuffe*.

Depuis mai 1926 jusqu'à la fin de l'année M. Silvain joue les principaux rôles de son répertoire à l'Odéon.

Mme **Weber (C.-E.).** Débute le 31 Août 1887. Quitte la Comédie-Française en 1888, y rentre en 1900. Sociétaire en 1902. Part, depuis 1910, douze douzièmes. Sociétaire honoraire en 1927. — *Rodogune* (Cléopâtre).

M. **Weber (J.).** Débute le 30 Juillet 1925. — *L'Anglais tel qu'on le parle* (Julien Cicandel). — *Carmosine* (Perillo). 1re Rep. à ce théâtre. — *Les Grands garçons* (Jacques). — *Psyché* (1) (Zéphire). — *Le Mariage de Figaro* (Chérubin). — *Le Médecin malgré lui* (Léandre). — *Le Chandelier* (Fortunio). — *Le Jeune malade* (Le Jeune malade). — *La Leçon de Talma* (Un Jeune homme). 1re Rep. — *Britannicus* (Britannicus).

M. **Yonnel (J.).** Débute le 21 Février 1926. — *Le Cid* (Don Rodrigue). — *A quoi rêvent les jeunes filles* (Silvio). 1re Rep. (2). — *La Fille de Roland* (Gérald). — *Andromaque* (Oreste). — *Phèdre* (Hippolyte). — *Bérénice* (Antiochus). — *Britannicus* (Britannicus). — *La Nuit de Mai* (Le Poète). — *Les Marionnettes* (Pierre Vareine).

(1) Fragments.

(2) Antérieurement des fragments de *A quoi rêvent les jeunes filles* avaient été représentés à la Comédie-Française.

MÉMENTO

15 Janvier. « 304ᵉ Anniversaire de la naissance de Molière » *Le Bourgeois gentilhomme, Les Précieuses ridicules.* — **1ᵉʳ Février.** Augmentation du prix des places (voir page iii). — **26 Février.** « 124ᵉ Anniversaire de la naissance de Victor Hugo. » *Marion de Lorme.* — **30 Avril.** « Représentation de retraite de M. Georges Berr » (voir page 10). — **6 Juin.** « 320ᵉ Anniversaire de la naissance de Corneille. » (Matinée) *Horace, Le Menteur.* (Soirée) *Psyché, Rodogune.* — **7 Juillet.** Depuis aujourd'hui l'affiche porte à certaines représentations : « Les chefs-d'œuvre du Théâtre Français. » Sous cette appellation 16 spectacles furent donnés en Juillet, 26 en Août et 20 en Septembre. — **14 Juillet.** « Fête nationale. Matinée gratuite. » *La Fille de Roland, La Marseillaise.* — **9 Octobre.** Depuis la matinée poétique d'aujourd'hui les fauteuils de balcon, 1ᵉʳ rang, sont à 10 francs et les fauteuils de balcon (2ᵉ et 3ᵉ rangs), les fauteuils d'orchestre et strapontins à 9 francs. — **16 Octobre.** Augmentation du prix des places (voir page iii). — **17 Octobre** (Matinée). « 100ᵉ Anniversaire de la mort de Talma. » *Bettine, La Leçon de Talma. Britannicus.* — — **13 Novembre.** « Matinée gratuite. Pour la Célébration du 8ᵉ Anniversaire de l'Armistice. » *Le Cid, L'Éternelle présence.* — **10 Décembre.** « 116ᵉ Anniversaire de la naissance d'Alfred de Musset. » *Il faut qu'une porte soit ouverte ou fermée. On ne badine pas avec l'amour.* — **18 Décembre.** « 100ᵉ Anniversaire de la naissance de Chatrian. » *L'Ami Fritz. Les Fiançailles de l'Ami Fritz.* — **20 Décembre.** « 287ᵉ Anniversaire de la naissance de Racine. » *Phèdre, Les Plaideurs.* — **24 Décembre.** « Au bénéfice de la caisse des retraites des Artistes aux appointements et des Employés de la Comédie-Française. Tarif doublé. » *La Marche nuptiale.* — **31 Décembre.** « Au bénéfice de la caisse des retraites des Artistes aux appointements et des Employés de la Comédie-Française. Tarif doublé. » *Le Bourgeois gentilhomme.*

POÉSIES, PAGES DE PROSE, ETC.

9 Janvier 1926. — Soixante-treizième matinée poétique.
G. Apollinaire. — F. Coppée. — Henry-Marx. — F. Jammes. — Leconte de Lisle. — A. de Musset. — *Idylle.* — G. Rodenbach. — E. Rostand. — A. Samain. — E. Verhaeren.
Arguments de L. Payen.

16 Janvier 1926. — Soixante-quatorzième matinée poétique.
Baudelaire. — T. Bernard. *L'École des quinquagénaires.* — A. Bertrand. — M. Brillant. — P. Fort. — V. Hugo. — L. Paté (1). — A. Rimbaud. — L. Uhl. — M. Zamacoïs.
Notices de M. Donnay, P. Fort, E. Prévost.

13 Février 1926. — Soixante-quinzième matinée poétique.
G. Arthuis. — L. Brauquier. — R. Besançon. — A.-P. Garnier. — V. Hugo. — La Fontaine. — H. Lapaire. — S.-C. Leconte. — A. Machard. — H. Moreau. — A. de Musset. *La Nuit d'Octobre.*
Notices de T. Derème, Henry-Jacques.

27 Février 1926. — Soixante-seizième matinée poétique.
C. Clerc. — J. Feschottes. — V. Hugo. — G. Nigond. — A. de Musset. — J. Valmy-Baysse. *Recommencement.* M. Monteaux (*Le Voyageur*), Mme Ducos (*La Jeune femme*).
Arguments de L. Payen.

13 Mars 1926. — Soixante-dix-septième matinée poétique.
Barbey d'Aurevilly. — Baudelaire. — J. Chanc. — P. Corneille. —

---

(1) *A Molière.*

31

T. Derème. — Mme Desbordes-Valmore. — S. Mallarmé. — J. Moréas. — E. Rostand. — P. Verlaine. — C. Vildrac. — M. Zamacoïs. — G. Zidler.
Notices de E. Prévost, J. Truffier.

27 Mars 1926. — Soixante-dix-huitième matinée poétique.
E. Blémont. — An. Dumas. *L'Éternelle présence.* — G.-T. Franconi. — Mlle M. Henry-Rosier. — V. Hugo. — L. Labéque. — Leconte de Lisle. — C. Le Goffic. — Nino. — Mlle C. Périn. — A. Samain. — L. Tiercelin. — P. Verlaine.
Notices de S.-C. Leconte, L. Payen.

24 Avril 1926. — Soixante-dix-neuvième matinée poétique.
P. de Bouchaud. — P. Castéla. — F. Coppée. *Le Passant.* — R. Dévigne. — C. Guérin. — A. Lantoine. — H. Pourrat. — E. Rostand. — A. Samain. — P. Verlaine.
Notices de A. Lebey, S.-C. Leconte, Mme A. Murat.

15 Mai 1926. — Quatre-vingtième matinée poétique.
T. de Banville. — H. Bataille. — Baudelaire. — C. Cordès. — G. Docquois. *Un Tour de Ninon.* — M.-A. Guégan. — La Fontaine. — A. de Musset. — Comtesse de Noailles. — L. Payen. Adaptation musicale de L. Grunberg. — M. Régnier. — E. Rostand.
Notices de R. Doumic, A. Séché.

20 Mai 1926. — A la matinée classique d'aujourd'hui des fables de La Fontaine furent récitées.
27 Mai 1926. — A la matinée classique d'aujourd'hui des fables de La Fontaine furent récitées.

29 Mai 1926. — Quatre-vingt et unième matinée poétique.
T. de Banville. *Le Baiser.* — F. Baron. — L. Codet. — T. Gautier. — P. Guédy. — S. Guitry. — V. Hugo. — Leconte de Lisle. — A. de Musset. — E. Ripert. — A. Rubi. — A. de Vigny. — Chansons anciennes du dix-septième siècle.
Notices de B. Crémieux, Henry-Jacques, G. Kahn, E. Pilon.

14 Juillet 1926 (Matinée gratuite). — *La Marseillaise.*

9 Octobre 1926. — Quatre-vingt-deuxième matinée poétique.
Barthélemy et Méry. — A. de Chénier. *Le Jeune malade.* — C. Delavigne.
— Desaugiers. — Mme Desbordes-Valmore. — V. Hugo. — Lamartine. —
Millevoye. — A. de Musset. — E. Pilon. — A. de Vigny.
Notices de M. Levaillant, L. Payen, E. Pilon.

23 Octobre 1926. — Quatre-vingt-troisième matinée poétique.
H. Becque. — M.-P. Boyé. — T. de Champagne. — J. Cocteau. — R. Fauchois. *La Leçon de Talma.* — J. Laforgue. — G. de Machaut. — H. de Régnier. — A. Salmon. — A. Samain. — E. Verhaeren. — P. Verlaine.
Notices de L. de Flagny, E. Pilon, E. Sée.

6 Novembre 1926. — Quatre-vingt-quatrième matinée poétique.
Baudelaire. — A. Droin. — Mme L. Gaulard-Eon. — L. Gumpel. —
V. Hugo. — A. de Musset. *La Nuit d'Octobre.* — M. Rollinat. — P. Ver-
laine.
Notices de S.-C. Leconte, J. May, L. Payen.

20 Novembre 1926. — Quatre-vingt-cinquième matinée poétique.
T. de Banville. — J. Collin. *Les Paladins désarçonnés.* M. Ledoux *(Gui-
gnol).* M. Simon *(Gnafron).* Mme de Chauveron *(Guignolette).* — C. Compodo-
nico. — L. des Rieux. — P. Fort. — F. Jammes. — O. de La Fayette. —
M. Magre. — A. de Musset. — R. Ponchon. — E. Rostand. — A. Sou-
quières.
Notices de G. Boissy, de Courville, H. Dulac, Thibaut.

11 Décembre 1926. — Quatre-vingt-sixième matinée poétique.
A. Bréval. — P. Déroulède. — Mme R. Gérard. — F. Gregh. — E. Ha-
raucourt. — A. de Musset. *La Nuit de Mai.* — Comtesse de Noailles. —
Mlle M. Noël. — E. Prévost. — J. Richepin. — E. Ripert. — E. Rostand. —
Touny-Lérys.
Notices de L. Gratias, A. Stirling.

18 Décembre 1926. — Quatre-vingt-septième matinée poétique.
Baudelaire. — G. Fourest. — J.-M. Guislain. — C. Mendès. *La Vierge
d'Avila* (fragment du 4ᵉ acte). M. Drain *(Don Tomasso).* M. Bacqué *(Phi-
lippe II).* Mme Weber *(Thérèse).* — Mlle S. Mercey. — Noëls anciens. —
C. Péguy. — E. Rostand. — G. Vicaire.
Notices de S. Mauget, L. Morpeau, L. Payen.

18 Décembre 1926 (Soirée). — A l'occasion du 100ᵉ Anniversaire de la naissance de Chatrian : *Les Fiançailles de l'Ami Fritz* (Récitations poétiques, chants et danses).

Lischen et Fritzchen (Paroles de P. Boisselot, musique de J. Offenbach). — Chanson du *Juif polonais*. — *Le Nom sur la maison*, E. Rostand. — Danses romantiques. — Morceau de harpe. — Morceau de chant. — Danses et chansons d'Alsace.

Fin Décembre 1926. — A différentes reprises, à l'occasion des fêtes du 25 Décembre et du 1ᵉʳ Janvier, le public fut prié, par la lecture d'une poésie de Mme R. Gérard, de secourir certaines œuvres de charité du monde dramatique.

REPRÉSENTATIONS EN PROVINCE ET A L'ÉTRANGER

53 représentations (1) : Amsterdam, 1 ; Anvers, 6 ; Autun, 1 ; Bruxelles, 12 ; Charleroi, 2 ; Gand, 6 ; La Haye, 1 ; Liége, 6 ; Lille, 3 : Luxembourg, 4 ; Mons, 2 ; Nice, 4 ; Rotterdam, 1 ; Strasbourg, 1 ; Verviers, 4 ; Vichy, 2.

Les auteurs et pièces suivantes furent joués à ces représentations :

Augier. L'Aventurière, 3. — **Banville.** Gringoire, 1. — **Beaumarchais.** Le Barbier de Séville, 1 ; Le Mariage de Figaro, 1. — **Courteline.** Boubouroche, 1 ; La Paix chez soi, 6. — **Curel.** La Nouvelle idole, 6. — **Flers** et **Caillavet.** Le Cœur a ses raisons..., 1 ; Venise, 5. — **Géraldy.** Les Grands garçons, 1. — **Hervieu.** La Course du flambeau, 1. — **Lacroix (J.).** Œdipe roi, 5. — **Marivaux.** L'Épreuve, 1 ; Les Fausses confidences, 6. — **Meilhac** et **Lud. Halévy.** L'Été de la Saint-Martin, 7. — **Molière.** Le Bourgeois gentilhomme, 2 ; Le Malade imaginaire, 6 ; Le Misanthrope, 1 ; Les Précieuses ridicules, 1. — **Murger.** Le Bonhomme Jadis, 1. — **Musset.** A quoi rêvent les jeunes filles, 3 ; Fantasio, 3 ; Il faut qu'une porte soit ouverte ou fermée, 8. — **Racine.** Andromaque, 7 ; Britannicus, 1 ; Phèdre, 6. — **Regnard.** Démocrite (2), 6 : Les Folies amoureuses, 6. — **Renard.** Poil de carotte, 1. — **Rivollet.** Alkestis, 1. — **Vigny.** Chatterton, 1. — **Vildrac.** Le Pèlerin, 1.

(1) A quelques-unes de ces représentations des poésies et des fables furent récitées.
(2) Scène.

TABLE DES MATIÈRES

Cet ouvrage

a été achevé d'imprimer sur les presses

de la

LIBRAIRIE PLON

le 15 décembre 1927.

PARIS

TYPOGRAPHIE PLON

RUE GARANCIÈRE, 8

1927

www.ingramcontent.com/pod-product-compliance
Lightning Source LLC
LaVergne TN
LVHW022339170726
843503LV00008B/3446